coleção
Dona Benta

O livro tradicional da cozinha brasileira

Receitas com chocolate

Este volume reúne uma seleção original de receitas recriadas com base no acervo inédito do primeiro grande livro de culinária no Brasil: *Dona Benta – Comer Bem*. São opções de biscoitos, tortas, docinhos e bolos, entre outros, com um dos alimentos mais apreciados por adultos e crianças – o chocolate. Ilustradas com fotos de dar água na boca, as próximas páginas revelam muitos dos segredos que fizeram de *Dona Benta* a obra de gastronomia de maior sucesso nas livrarias brasileiras desde 1940.

CB056993

Tome nota

- Antes de iniciar, leia a receita completa e verifique se possui todos os ingredientes, se há pausas entre as etapas de preparo e qual o tempo necessário para que sua receita fique pronta para servir.

- Separe todos os ingredientes na quantidade indicada e na ordem de entrada na receita antes de "colocar a mão na massa". Assim você evita interromper o preparo para procurar o que falta, não esquece ingredientes, nem faz muita bagunça na cozinha.

- Caso algum ingrediente esteja em falta, cheque o que há na despensa ou na geladeira e use a criatividade para fazer substituições. Não substitua chocolate em pó por achocolatado (que contém muito açúcar), principalmente em massas de bolo e recheios.

- O chocolate deve ser picado e derretido em uma panela ou refratário, em banho-maria ou no micro-ondas. Em banho-maria, não deixe a água entrar em ebulição nem respingar no chocolate. Para evitar o contato do produto com água ou vapor, desligue o fogo assim que a água estiver morna quase quente e só depois leve o chocolate para derreter. O ideal é utilizar uma panela específica para este fim, em que a parte superior se encaixa na inferior sem deixar frestas. No micro-ondas, o tempo para derreter varia de acordo com a quantidade de ingrediente. Verifique as instruções da embalagem e não deixe de mexer o chocolate no meio do processo.

- Siga as instruções do fabricante para derreter coberturas fracionadas. Em geral, esses produtos não necessitam de temperagem, custam menos do que o chocolate e rendem mais.

- Preaqueça o forno por 10 a 15 minutos antes de assar bolos, tortas e outras receitas. A temperatura e o tempo de forno indicados neste volume foram testados em fornos domésticos e podem variar de fogão para fogão. Fique de olho!

Referência de valores utilizados (considerando o custo total da receita e o rendimento):		$ = bastante econômico $$ = econômico $$$ = médio			
Média das medidas utilizadas*	Xícara (chá)	Colher (sopa)	Colher (sobremesa)	Colher (chá)	Colher (café)
Líquido	200 ml	15 ml	10 ml	5 ml	3 ml
Farinha de trigo	110 g	10 g	7 g	5 g	3 g
Manteiga ou margarina	180 g	20 g	15 g	6 g	4 g
Amido de milho	100 g	10 g	7 g	5 g	3 g
Fermento em pó	-	15 g	10 g	6 g	4 g
Chocolate em pó	100 g	10 g	7 g	5 g	3 g
Açúcar	160 g	15 g	10 g	6 g	4 g

* Exceto quando especificado na lista de ingredientes, todas as medidas em xícara utilizadas neste volume são niveladas; os ovos são de tamanho médio-grande (58 a 60 g com a casca); o açúcar é refinado; as medidas em colher são médias.

Sumário

Brownie 4
Brioche de chocolate 4
Biscoito da casa 5
Palha italiana para festa 6
Quadradinho delicioso 6
Biscoito bicolor 7
Verrine de chocolate com banana 8
Torta *chocochips* 8
Torta musse de chocolate 9
Torta de chocolate 10
Éclair de chocolate 12
Tabletes de ganache 14
Merengue de castanha-do-pará com chocolate 16
Ovo de Páscoa recheado 18
Abacaxi grelhado com creme de chocolate 20
Sopa de chocolate 20
Bolinho em calda de especiarias 21
Bolo clássico de chocolate com damasco 22
Bolo de chocolate e bicho-de-pé 23
Muffin de chocolate 24
Petit gâteau de chocolate branco 24
Musse de chocolate ao rum com laranja 26
Creme bávaro de chocolate branco ... 26
Bolo *fudge* 27
Pannacotta floresta branca 28
Rabanada ao chocolate 28
Chocolate quente cremoso 30
Chocolate fumaça 30
Shake tricolor 31

Brownie

Tempo: **25min (+ tempo de forno)**   Rendimento: **10 porções**   Custo: **$**

Ingredientes

¾ de xícara (chá) de chocolate em pó
¾ de xícara (chá) de manteiga sem sal
3 ovos levemente batidos
1 e ½ xícara (chá) de açúcar
1 e ½ xícara (chá) de farinha de trigo
1 colher (sopa) de fermento em pó
½ xícara (chá) de castanha-do-pará picada grosseiramente

Modo de preparo

1. Derreta o chocolate com a manteiga em banho-maria. Fora do fogo, adicione os ovos batidos e agregue o açúcar e a farinha peneirada com o fermento. Por último, junte a castanha.
2. Disponha a massa em forma retangular (16 x 23 cm) untada e enfarinhada e asse em forno moderado preaquecido (180°C) por cerca de 20 minutos ou até formar uma superfície seca (o centro ainda deverá estar úmido).
3. Espere esfriar e corte em quadrados. Sirva em temperatura ambiente.

Brioche de chocolate

Tempo: **1h (+ repouso e tempo de forno)**   Rendimento: **10 porções**   Custo: **$**

Ingredientes

2 tabletes (30 g) de fermento biológico fresco
½ xícara (chá) de açúcar
4 ovos
2 gemas
½ xícara (chá) de manteiga amolecida
4 xícaras (chá) de farinha de trigo
1 colher (sopa) de chocolate em pó
½ xícara (chá) de gotas de chocolate ao leite
Gema batida para "colar" e pincelar

Modo de preparo

1. **Massa:** Dissolva o fermento no açúcar. Adicione os ingredientes restantes, exceto as gotas de chocolate, e amasse até obter uma bola macia e homogênea. Sove até ficar rendada, cubra com filme plástico e reserve até dobrar o volume.
2. **Modelagem:** Sove novamente a massa e incorpore as gotas de chocolate. Modele uma bola, retire um pedaço de massa da parte inferior e modele uma bolinha com cerca de 3 cm de diâmetro. Pressione a bolinha no centro da bola maior e "cole" com gema.
3. Disponha o brioche em assadeira untada, cubra e deixe em repouso até dobrar o volume. Pincele gema batida e leve ao forno moderado preaquecido (180°C) por cerca de ½ hora ou até dourar.

Biscoito da casa

Tempo: **1h30min**   Rendimento: **100 unidades**   Custo: **$**

Ingredientes

1 pacote de biscoito *wafer* sabor baunilha com 20 unidades

½ kg de cobertura fracionada sabor chocolate meio amargo

Cacau em pó para polvilhar

Modo de preparo

1. Divida cada biscoito em 3 pedaços no sentido do comprimento. Abra cada pedaço ao meio e reserve.
2. Derreta a cobertura fracionada conforme as instruções do fabricante, banhe os biscoitos um a um e deixe secar sobre papel-alumínio.
3. Depois de secos, apare as bordas e polvilhe cacau em pó. Mantenha em frasco hermético até o momento de servir.

Palha italiana para festa

Tempo: 1h30min (+ tempo para esfriar e secar) Rendimento: 54 unidades Custo: $$

Ingredientes

- 2 latas de leite condensado
- 3 gemas
- 1 colher (sopa) de farinha de trigo
- 1 colher (sobremesa) de manteiga sem sal
- 1 pacote (200 g) de biscoito maisena quebrado
- ½ kg de chocolate meio amargo picado
- Açúcar de confeiteiro para polvilhar

Modo de preparo

1. **Doce:** Misture o leite condensado com as gemas e a farinha, junte a manteiga e leve ao fogo médio, mexendo sempre, até se soltar do fundo da panela (ponto de enrolar). Fora do fogo, adicione o biscoito e misture delicadamente.
2. Distribua a massa em forma retangular (28 x 18 cm) untada com óleo, alise a superfície e pressione bem. Depois de frio, corte em quadrados de 3 cm.
3. **Cobertura:** Derreta o chocolate e faça a temperagem conforme as instruções do fabricante.
4. Banhe os docinhos um a um no chocolate derretido, escorra o excesso de cobertura e deixe secar sobre papel-manteiga sem untar.
5. Depois de secos, apare as rebarbas com uma faca sem serra, polvilhe açúcar de confeiteiro e acomode os docinhos em bandejas ou taças.

Quadradinho delicioso

Tempo: 30min (+ tempo de geladeira) Rendimento: 36 unidades Custo: $

Ingredientes

- 200 g de chocolate meio amargo picado
- ½ xícara (chá) de chocolate em pó
- ¼ de xícara (chá) de leite
- 1 colher (sopa) de manteiga
- 4 xícaras (chá) niveladas de açúcar de confeiteiro (440 g) e um pouco mais para polvilhar
- 1 xícara (chá) de nozes picadas
- ½ xícara (chá) de uvas-passas claras sem sementes

Modo de preparo

1. Leve o chocolate picado, o chocolate em pó, o leite e a manteiga ao banho-maria, mexendo sempre, até homogeneizar.
2. Fora do fogo, adicione o açúcar aos poucos. Agregue as nozes e as uvas-passas.
3. Despeje a mistura numa forma quadrada (24 cm) untada, alise a superfície, cubra com filme plástico e leve à geladeira até endurecer.
4. Corte em quadrados de 4 cm, polvilhe açúcar de confeiteiro e sirva.

Biscoito bicolor

Tempo: **35min (+ tempo de *freezer* e forno)** Rendimento: **20 unidades** Custo: **$**

Ingredientes

100 g de manteiga

5 colheres (sopa) de açúcar

1 gema

1 colher (chá) de essência de baunilha

1 colher (sopa) de água gelada

1 xícara (chá) + 1 colher (sopa) de farinha de trigo

1 pitada de sal

1 colher (café) rasa de fermento em pó (2 g)

1 colher (sobremesa) de chocolate em pó

Manteiga para untar

Modo de preparo

1. **Massa:** Misture a manteiga com o açúcar, a gema, a baunilha e a água até obter um creme homogêneo. Acrescente a farinha, o sal e o fermento e amasse sem sovar. Divida a massa ao meio e adicione o chocolate a uma das porções. Leve à geladeira por 10 minutos.
2. **Modelagem:** Com o rolo, abra a massa clara entre 2 plásticos até formar um retângulo de 20 x 15 cm e 3 mm de espessura. Reserve.
3. Abra a massa de chocolate até formar um retângulo igual.
4. Coloque uma massa sobre a outra e enrole como rocambole. Embrulhe em papel-alumínio e leve ao *freezer* até começar a endurecer (cerca de 10 minutos).
5. Retire do *freezer*, elimine o papel-alumínio e corte a massa em fatias de 0,5 cm.
6. Disponha os biscoitos em assadeira untada, deixando 3 cm de espaço entre eles, e leve ao forno preaquecido em temperatura moderada (180°C) por aproximadamente 20 minutos. Desenforme e deixe esfriar sobre uma grade.
7. Armazene em recipiente hermético para que os biscoitos mantenham a crocância.

Verrine de chocolate com banana

Tempo: 30min (+ tempo de geladeira) **Rendimento:** 20 copinhos com 60 ml cada **Custo:** $

Ingredientes

1 banana-nanica picada
2 colheres (sopa) de açúcar
2 colheres (sopa) de água
1 xícara (chá) de creme de leite fresco
200 g de chocolate meio amargo ralado
1 xícara (chá) de creme de leite fresco gelado

Modo de preparo

1. Junte a banana, o açúcar e a água e leve ao fogo baixo, mexendo sempre, até que a banana esteja macia e o açúcar, levemente caramelizado.
2. Misture a primeira xícara de creme de leite com o chocolate e leve ao banho-maria, mexendo até ficar liso e brilhante. Depois de frio, incorpore o creme de leite fresco gelado batido em chantili.
3. Coloque 1 colher (chá) de doce de banana em cada copinho (60 ml cada), cubra com o creme de chocolate e finalize com doce de banana.
4. Leve à geladeira por cerca de 2 horas antes de servir.

Variação

Se preferir, sirva as *verrines* cobertas com chantili adoçado.

Torta *chocochips*

Tempo: 50min (+ tempo de forno e geladeira) **Rendimento:** 10 porções **Custo:** $$

Ingredientes

Base

1 pacote (200 g) de biscoito maisena de chocolate triturado
4 colheres (sopa) de manteiga sem sal

Recheio

1 xícara (chá) de leite
2 colheres (sopa) de açúcar
1 colher (sobremesa) de amido de milho
1 caixinha (200 g) de creme de leite
200 g de chocolate branco picado
½ xícara (chá) de chocolate meio amargo picado

Modo de preparo

1. **Base:** Misture o biscoito com a manteiga até formar uma massa homogênea. Forre a base e a lateral de uma forma canelada baixa com fundo removível (20 cm de diâmetro x 3 cm de altura) e leve ao forno moderado preaquecido (180°C) por 15 minutos. Reserve até esfriar.
2. **Recheio:** Leve o leite com o açúcar e o amido ao fogo médio, mexendo sempre, até engrossar. Reserve.
3. Misture o creme de leite com o chocolate branco e leve ao micro-ondas, em potência média, por 3 minutos. Mexa até obter um creme homogêneo e junte o creme reservado. Depois de frio, incorpore o chocolate meio amargo. Despeje sobre a massa assada e leve à geladeira por cerca de 2 horas.
4. Sirva decorada a gosto.

Torta musse de chocolate

Tempo: **1h** (+ tempo de forno e geladeira)   Rendimento: **12 porções**   Custo: **$$**

Ingredientes

Base de suspiro

2 claras grandes

1 xícara (chá) de açúcar de confeiteiro

2 colheres (sopa) de cacau em pó

Recheio e cobertura

200 g de chocolate meio amargo picado

200 g de chocolate ao leite picado

1 caixinha (200 g) de creme de leite

100 g de requeijão cremoso

1 colher (café) de essência de rum ou baunilha

1 xícara (chá) de creme de leite fresco gelado

Raspas de chocolate + chocolate em pó para decorar

Modo de preparo

1. **Base:** Bata as claras com o açúcar até formar picos firmes. Sem bater, agregue o cacau peneirado. Modele um disco de 20 cm de diâmetro sobre as costas de uma assadeira untada e forrada com papel-manteiga untado. Asse em temperatura baixa (100°C) por cerca de 1h30min ou até secar (para esta temperatura no fogão a gás, deixe a porta do forno entreaberta com o cabo de uma colher de pau). Espere esfriar e retire o papel-manteiga.
2. **Recheio:** Derreta os chocolates com o creme de leite em banho-maria e mexa até homogeneizar. Espere esfriar e agregue o requeijão e a essência escolhida. Reserve.
3. Bata o creme de leite fresco em ponto de chantili e misture delicadamente ao creme de chocolate.
4. **Montagem:** Acomode o disco de suspiro num aro de 21 a 22 cm de diâmetro sobre um prato reto ou use uma forma de fundo removível (se necessário, acerte a borda), cubra com o creme de chocolate e leve à geladeira por 3 a 4 horas.
5. Desenforme e decore com raspas de chocolate e chocolate em pó. Sirva gelada.

Torta de chocolate

Tempo: **55min (+ tempo de forno e geladeira)** Rendimento: **10 a 12 porções** Custo: **$$**

Ingredientes

Base

2 colheres (sopa) de manteiga
3 colheres (sopa) de açúcar
3 gemas
¾ de xícara (chá) de farinha de trigo
1 colher (café) de fermento em pó
3 colheres (sopa) de chocolate em pó
3 claras em neve

Recheio e cobertura

5 colheres (sopa) de manteiga
1 xícara (chá) bem cheia de doce de leite cremoso (cerca de 320 g)
1 pacote (200 g) de chocolate em pó
5 colheres (sopa) de requeijão (cerca de 100 g)
1 colher (chá) de essência de baunilha
½ envelope (6 g) de gelatina em pó incolor
2 claras
⅓ de xícara (chá) de água
½ xícara (chá) de açúcar
12 minissuspiros
½ xícara (chá) de calda de chocolate

Modo de preparo

1. **Base:** Bata a manteiga com o açúcar até formar um creme fofo. Junte as gemas e bata por mais 1 ou 2 minutos. Sem bater, misture a farinha peneirada com o fermento e o chocolate. Por fim, agregue a clara em neve.
2. Despeje a massa em forma de 20 cm de diâmetro, com a base untada e forrada com papel-manteiga também untado (não unte nem forre a lateral da forma). Asse em forno moderado preaquecido (180°C) por cerca de 20 minutos. Desenforme morna e descarte o papel-manteiga.
3. **Recheio:** Em fogo baixo, derreta a manteiga com o doce de leite e o chocolate, mexendo sempre, até homogeneizar. Fora do fogo, agregue o requeijão, a essência e a gelatina hidratada e dissolvida conforme as instruções da embalagem. Reserve.
4. Coloque as claras na batedeira.
5. Ferva a água com o açúcar até formar uma calda em ponto de fio médio. Despeje a calda em fio sobre as claras, enquanto bate, até ganhar volume, esfriar e formar um merengue brilhante. Agregue o merengue ao creme de chocolate reservado.
6. **Montagem:** Disponha um aro untado (20 cm de diâmetro) sobre um prato reto e acomode a base. Cubra com o creme e leve à geladeira por 4 a 6 horas ou até ficar firme.
7. Desenforme a torta e decore com os minissuspiros e a calda de chocolate.

11

Éclair de chocolate

Tempo: **1h** (+ tempo de forno e para esfriar)   Rendimento: **12 unidades**   Custo: **$**

Ingredientes

Massa
1 xícara (chá) de água
1 pitada de sal
1 pitada de açúcar
1 colher (sopa) de manteiga
1 xícara (chá) cheia de farinha de trigo (120 g)
3 ovos

Recheio
2 xícaras (chá) de leite
½ xícara (chá) de açúcar
½ xícara (chá) de amido de milho
150 g de chocolate meio amargo picado
1 colher (chá) de manteiga
1 colher (chá) de essência de baunilha

Cobertura
200 g de chocolate meio amargo derretido

Modo de preparo

1. **Massa:** Ferva a água com o sal, o açúcar e a manteiga. Junte de uma só vez a farinha de trigo (**a**) e cozinhe, mexendo sempre, até formar uma bola e se soltar do fundo da panela. Transfira para a tigela da batedeira e reserve até amornar. Junte os ovos um a um, batendo bem a cada adição, até obter uma massa lisa e homogênea (**b**).
2. Coloque a massa em um saco de confeitar com bico perlê médio e modele 15 cordões com 10 cm de comprimento sobre papel-manteiga untado (**c**). Leve ao forno moderado preaquecido (180°C) até dourar e secar. Deixe esfriar.
3. **Recheio:** Misture o leite com o açúcar e o amido e cozinhe, mexendo sempre, até engrossar. Junte o chocolate, a manteiga e a baunilha e misture até homogeneizar. Cubra o creme com filme plástico aderido à superfície e espere esfriar.
4. **Montagem:** Abra a massa fria ao meio, sem separar, e recheie com creme de chocolate (**d**, **e**). Mergulhe apenas a superfície de cada *éclair* no chocolate derretido (**f**), escorra o excesso e espere secar.
5. Sirva gelado.

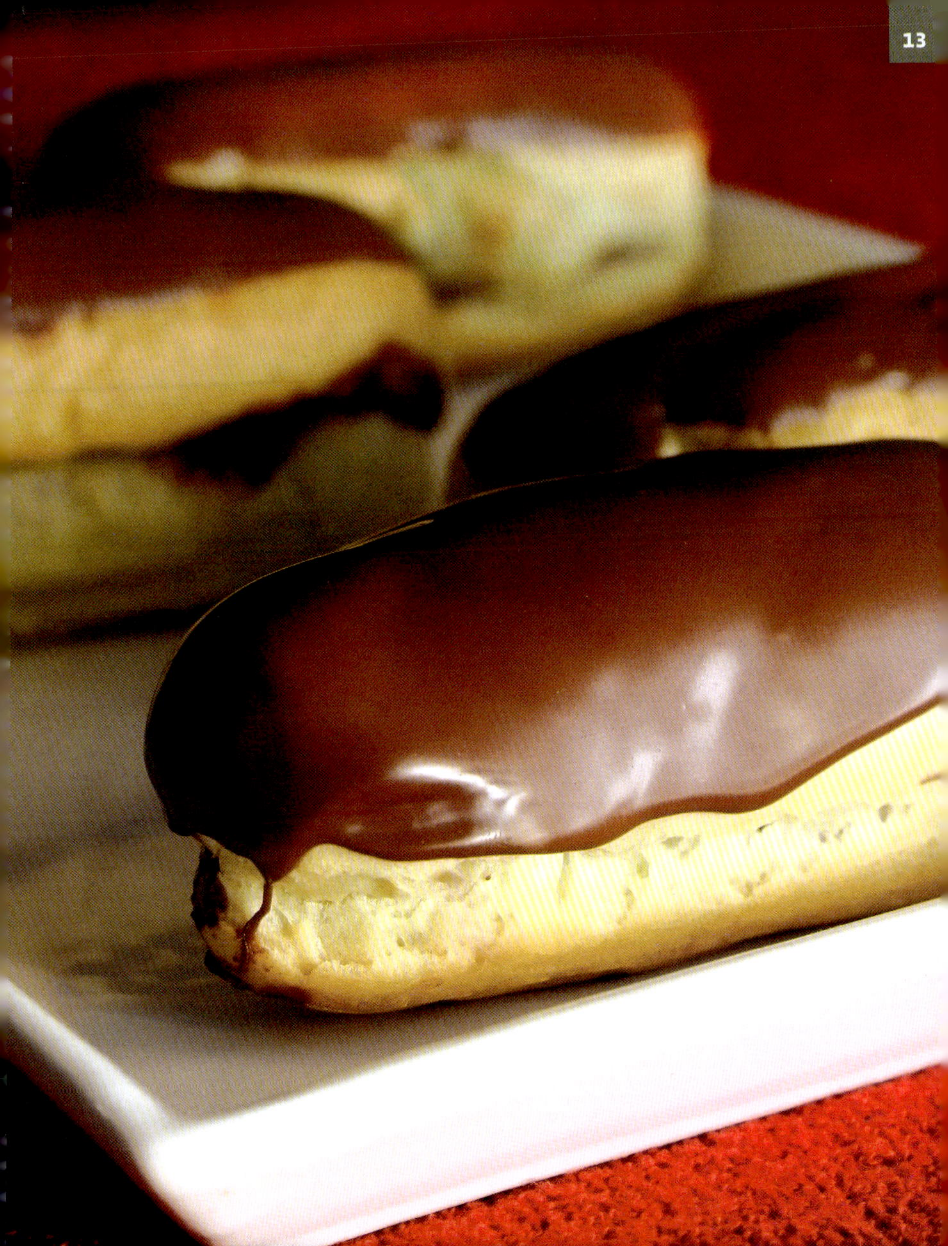

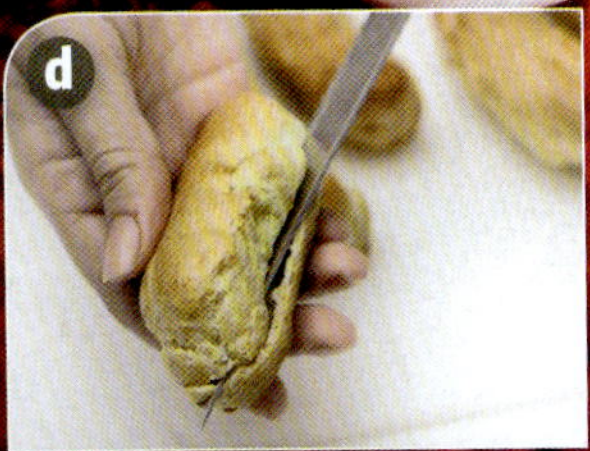
d

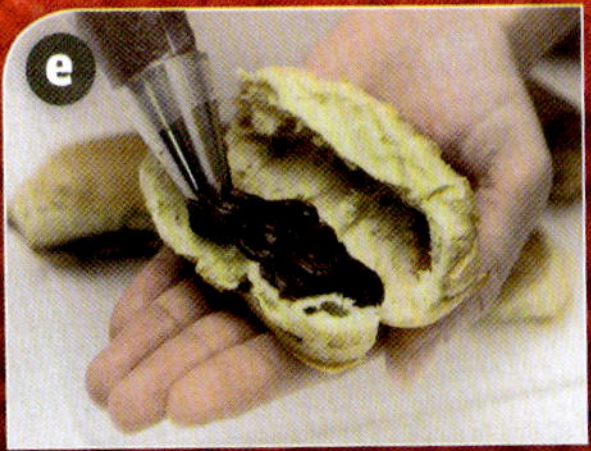
e

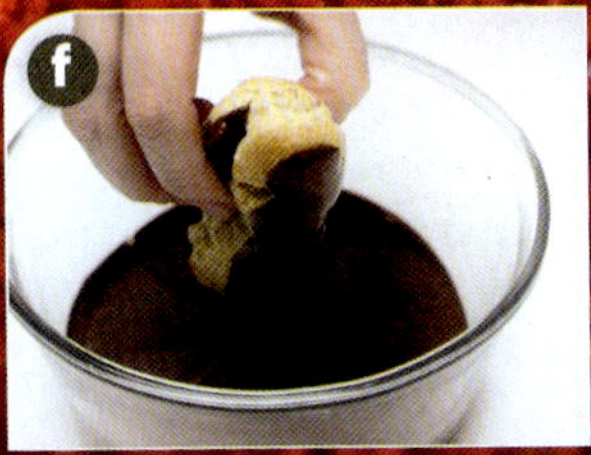
f

Tabletes de ganache

Tempo: **1h30min** (+ tempo de geladeira)   Rendimento: **20 unidades**   Custo: **$$**

Ingredientes

Ganache
300 g de chocolate
meio amargo picado
150 g de creme de leite fresco
1 colher (sopa) de glicose

Cobertura
½ kg de chocolate
meio amargo picado
1 folha de *transfer* próprio
para decorar chocolate cortada
em quadrados de 4 cm

Modo de preparo

1. **Ganache:** Derreta o chocolate com o creme de leite e a glicose em banho-maria e mexa até obter um creme homogêneo e brilhante.
2. Espalhe sobre uma forma de 15 x 12 cm (**a**) forrada com papel-alumínio, para obter uma placa com 1 cm de espessura. Na falta de uma forma com essas medidas, utilize papel-alumínio dobrado para delimitar a área de um recipiente maior em que o doce será espalhado (**b**). Cubra sem encostar a tampa ao chocolate e leve à geladeira por cerca de 2 horas.
3. Depois de firme, corte em quadrados de 3 cm e reserve (**c**).
4. **Cobertura:** Derreta o chocolate e faça a temperagem de acordo com as instruções do fabricante.
5. Banhe os quadrados um a um no chocolate e coloque sobre papel-alumínio (**d**). Rapidamente, cole um pedaço de *transfer* sobre cada tablete, pressionando a superfície (**e**). Reserve até endurecer.
6. Retire o acetato do *transfer* (**f**) e apare o excesso de cobertura. Acomode em bandejas, sem embalar.

15

d

e

f

Merengue de castanha-do-pará com chocolate

Tempo: **40min** (+ tempo de forno e geladeira) Rendimento: **6 porções** Custo: **$**

Ingredientes

Merengue

2 claras

1 e ½ xícara (chá) de açúcar de confeiteiro

4 colheres (sopa) de castanhas-do-pará trituradas fino (40 g)

Castanhas-do-pará trituradas para decorar

Creme

180 g de chocolate ao leite

1 caixinha (200 g) de creme de leite

1 colher (sobremesa) de manteiga

Modo de preparo

1. **Merengue:** Bata as claras com o açúcar na batedeira até obter um merengue firme. Sem bater, incorpore a castanha (**a**, **b**). Transfira para um saco de confeitar e modele 2 discos de 18 cm de diâmetro sobre as costas de uma assadeira untada e forrada com papel-manteiga untado (**c**).
2. Leve ao forno baixo (100°C) por aproximadamente ½ hora (o merengue deverá ficar macio por dentro). Espere esfriar e retire cuidadosamente o papel-manteiga. Reserve.
3. **Creme:** Leve os ingredientes ao banho-maria, mexendo sempre, até obter uma mistura lisa e brilhante. Reserve na geladeira por 20 minutos.
4. **Montagem:** Acomode um disco de merengue sobre um prato, cubra com ¾ do creme (**d**) e sobreponha o segundo disco (**e**). Distribua o creme restante e decore com castanha triturada (**f**). Sirva em temperatura ambiente ou gelado.

Observação

Para uma temperatura de 100°C no fogão a gás, deixe a porta do forno entreaberta com o cabo de uma colher de pau ao assar o merengue.

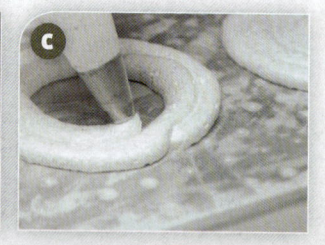

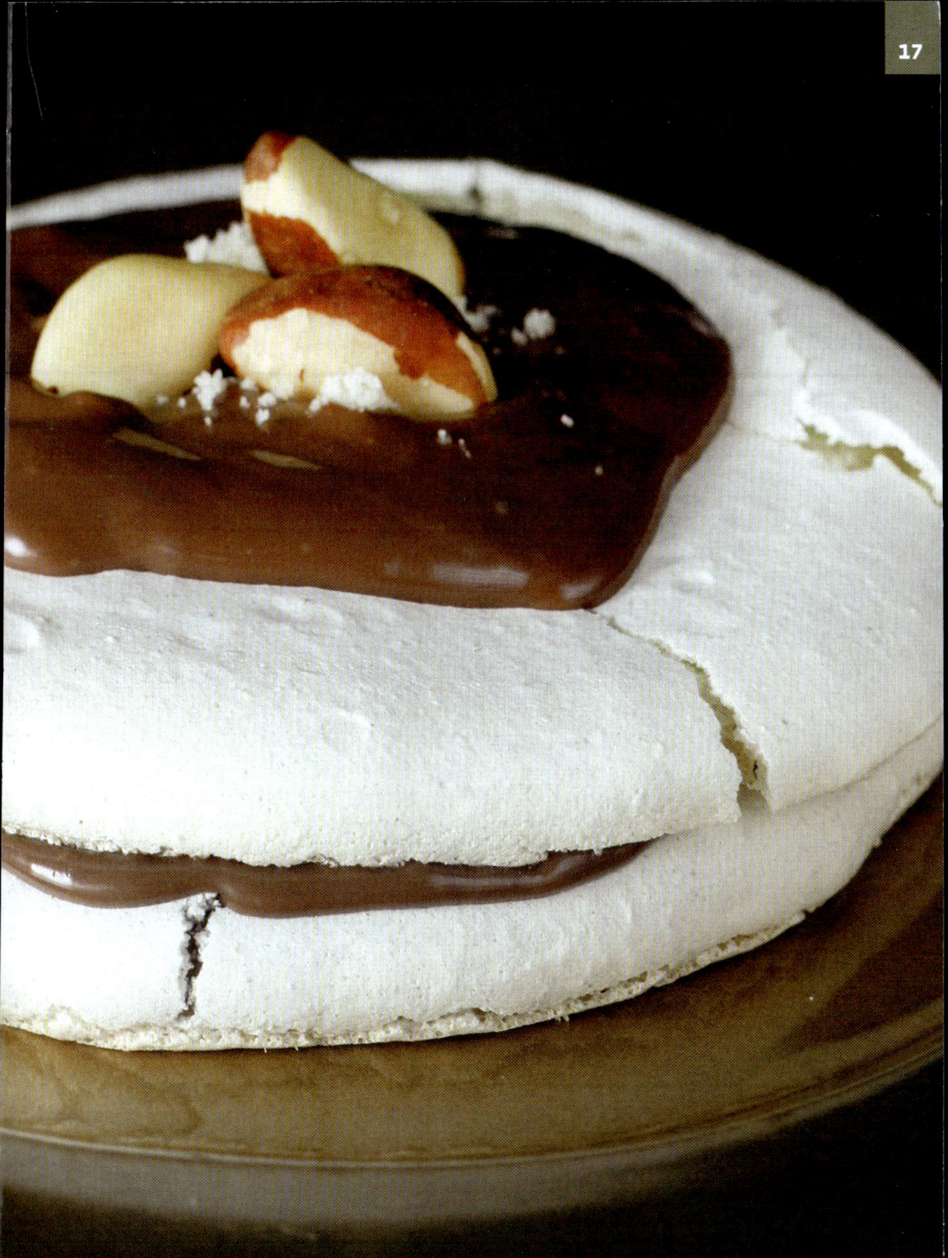

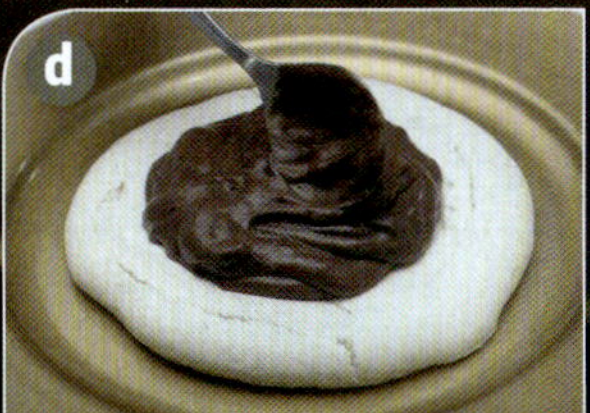
d

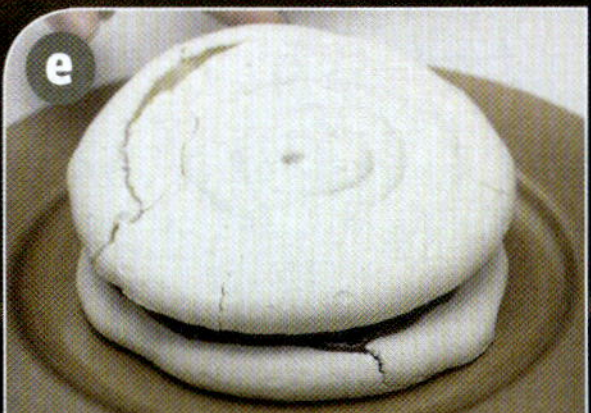
e

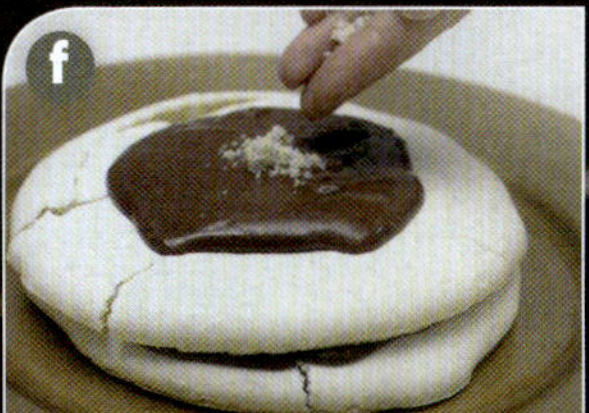
f

Ovo de Páscoa recheado

Tempo: cerca de 3h **Rendimento:** 3 ovos com cerca de 500 g **Custo:** $$

Ingredientes

Recheio

1 lata de leite condensado

1 pacote (100 g) de coco seco ralado

1 caixinha (200 g) de creme de leite

1 colher (sopa) de manteiga

Base

900 g de cobertura fracionada sabor chocolate meio amargo

Modo de preparo

1. **Recheio:** Misture o leite condensado com o coco, o creme de leite e a manteiga e cozinhe em fogo médio, mexendo sempre, até começar a se soltar do fundo da panela (ponto de doce de colher). Transfira para um prato untado e reserve até esfriar.
2. **Base:** Derreta a cobertura fracionada conforme as instruções da embalagem.
3. **Modelagem:** Espalhe uma camada de cobertura derretida em formas para ovo de Páscoa com capacidade de 300 ml (**a**), escorra o excesso (**b**, **c**) e leve à geladeira até endurecer.
4. Espalhe uma nova camada sobre a primeira (**d**), escorra o excesso e volte à geladeira até firmar. Repita a operação, totalizando 3 camadas antes do recheio. Espere endurecer e recheie (**e**), cuidando para não atingir a borda. Cubra (**f**) e leve à geladeira novamente.
5. Retire da geladeira somente quando a forma estiver opaca, significando que o ovo se soltou. Desenforme e reserve longe de vento, calor e umidade até que o chocolate volte à temperatura ambiente.
6. Junte 2 metades cuidadosamente, formando um ovo, embale e arremate com laços de fita.

Variação

Experimente substituir o recheio por brigadeiro, cajuzinho ou trufa.

Observação

Se preparar com antecedência, junte à massa do recheio 1 colher (chá) de antimofo em pó.

19

Abacaxi grelhado com creme de chocolate

Tempo: **30min** Rendimento: **4 porções** Custo: **$**

Ingredientes

Abacaxi

1 colher (sopa) de manteiga sem sal

8 fatias de abacaxi com cerca de 1 cm de espessura

2 colheres (sobremesa) de açúcar para polvilhar

Creme de chocolate

100 g de chocolate meio amargo picado

1 caixinha (200 g) de creme de leite

Modo de preparo

1. **Abacaxi:** Em fogo médio, aqueça uma frigideira untada com a manteiga e doure as fatias de abacaxi dos 2 lados. Polvilhe o açúcar e espere derreter. Transfira para um prato e sirva coberto com o creme de chocolate.
2. **Creme:** Derreta o chocolate com o creme de leite em banho-maria e mexa até obter uma mistura lisa e brilhante. Utilize morno ou frio.

Variação

Se preferir, adicione 1 colher (chá) de gengibre fresco ralado à manteiga.

Sopa de chocolate

Tempo: **25min** Rendimento: **8 porções** Custo: **$**

Ingredientes

400 g de chocolate ao leite picado

1 xícara (chá) de leite

1 caixinha (200 g) de creme de leite

1 xícara (chá) de morango picado

1 xícara (chá) de manga madura cortada em cubos

Chocolate granulado para polvilhar

Modo de preparo

1. Derreta o chocolate em banho-maria. Junte o leite e o creme de leite e mexa até homogeneizar.
2. Transfira para um recipiente de sobremesa fundo com 1,5 litro de capacidade, cubra com as frutas e polvilhe chocolate granulado. (Se preferir, distribua em tigelas individuais de 150 ml cada).
3. Sirva morna ou gelada.

Bolinho em calda de especiarias

Tempo: **30min (+ repouso e tempo de forno)** Rendimento: **8 porções** Custo: **$**

Ingredientes

2 xícaras (chá) rasas de farinha de trigo (200 g)

8 colheres (sopa) de chocolate em pó

½ envelope (5 g) de fermento biológico seco

1 pitada de sal

2 colheres (sopa) de açúcar

4 ovos

¼ de xícara (chá) de leite amornado

100 g de manteiga derretida

Chantili para servir

Calda

1 xícara (chá) de água

2 xícaras (chá) de açúcar

Canela em pau, cravos-da-índia, sementes de erva-doce e anis a gosto

Modo de preparo

1. Misture a farinha com o chocolate em pó, o fermento, o sal e o açúcar na tigela da batedeira. Reserve.
2. À parte, bata levemente os ovos e junte o leite e a manteiga derretida. Despeje essa mistura sobre os ingredientes secos e bata, em velocidade baixa, até formar uma massa homogênea.
3. Distribua a massa entre 8 forminhas (160 ml cada) untadas com óleo, preenchendo até a metade de cada uma. Acomode tudo numa forma grande, cubra e deixe em repouso por ½ hora ou até dobrar o volume.
4. Leve ao forno moderado preaquecido (180°C) por cerca de 15 minutos. Deixe amornar dentro das forminhas. Com um garfo, faça furos no topo dos bolinhos. Reserve.
5. **Calda:** Ferva os ingredientes até formar um xarope médio e descarte as especiarias. Regue os bolinhos com metade da calda quente, aguarde ½ hora, desenforme e regue com o restante da calda.
6. Sirva frios ou gelados, acompanhados de chantili.

Bolo clássico de chocolate com damasco

Tempo: **30min (+ tempo de forno)** Rendimento: **12 porções** Custo: **s**

Ingredientes

Bolo
1 e ½ xícara (chá) de açúcar
½ xícara (chá) de manteiga
3 ovos
½ xícara (chá) de chocolate em pó
¾ de xícara (chá) de água fervente
1 colher (sopa) de essência de baunilha
2 xícaras (chá) de farinha de trigo
1 colher (sobremesa) de fermento em pó

Geleia
250 g de damascos secos
1 xícara (chá) de água
1 e ½ xícara (chá) de açúcar

Cobertura
¾ de xícara (chá) de manteiga
180 g de chocolate meio amargo picado
1 colher (sopa) de glicose amarela

Modo de preparo

1. **Bolo:** Bata o açúcar com a manteiga na batedeira até formar um creme claro e fofo. Junte os ovos, um a um, batendo a cada adição. Sem bater, adicione o chocolate dissolvido na água, a baunilha, a farinha e o fermento e misture até homogeneizar. Despeje em forma redonda (21 cm de diâmetro) untada e enfarinhada e leve ao forno moderado preaquecido (180°C) por cerca de 35 minutos. Desenforme morno e reserve até esfriar.
2. **Geleia:** Ferva o damasco com a água até ficar macio. Espere amornar e bata no processador. Junte o açúcar e leve de volta ao fogo, mexendo de vez em quando, até obter uma geleia cremosa e quase seca. Reserve até esfriar.
3. **Cobertura:** Leve os ingredientes ao banho-maria até obter uma mistura lisa e brilhante. Utilize morna.
4. **Montagem:** Cubra a lateral e o topo do bolo com a geleia e reserve por 1 hora.
5. Disponha o bolo sobre uma grade e esta dentro de uma forma e despeje a cobertura morna de uma só vez no centro do topo. Incline levemente a grade para todos os lados, para espalhar a cobertura pelo bolo inteiro. Transfira para o prato escolhido e leve à geladeira por 15 minutos para firmar a cobertura.
6. Sirva em temperatura ambiente.

Bolo de chocolate e bicho-de-pé

Tempo: **1h10min (+ tempo para assar e esfriar)** Rendimento: **14 porções** Custo: **$**

Ingredientes

Bolo

3 ovos

½ xícara (chá) de leite

1 xícara (chá) de açúcar

½ xícara (chá) de manteiga derretida

1 e ¼ de xícara (chá) de farinha de trigo

4 colheres (sopa) de chocolate em pó

1 pitada de bicarbonato de sódio (0,5 g)

1 colher (sobremesa) de fermento em pó

Confeitos coloridos para decorar

Recheio (bicho-de-pé)

1 caixinha de preparado para pudim de morango

2 latas de leite condensado

1 colher (sopa) de manteiga

1 caixinha (200 g) de creme de leite

Modo de preparo

1. **Bolo:** Bata os ovos, o leite, o açúcar e a manteiga no liquidificador. Junte a farinha de trigo e o chocolate em pó aos poucos, batendo a cada adição. Sem bater, agregue o bicarbonato e o fermento.
2. Despeje em forma de 22 a 23 cm de diâmetro untada e enfarinhada e leve ao forno moderado preaquecido (180°C) por cerca de 35 minutos (espete um palito na massa e veja se sai seco). Desenforme morno e espere esfriar.
3. **Recheio:** Misture o pó para pudim com o leite condensado e mexa até dissolver. Junte os demais ingredientes e leve ao fogo médio, mexendo sempre, até começar a se soltar do fundo da panela (ponto de doce de colher). Deixe esfriar.
4. **Montagem:** Divida o bolo em 2 camadas, recheie com parte do doce e cubra com o restante. Decore com os confeitos. Sirva em temperatura ambiente ou gelado.

Muffin de chocolate

Tempo: **40min (+ tempo de forno)** Rendimento: **15 unidades** Custo: **$**

Ingredientes

1 xícara (chá) de açúcar
3 ovos
1 e ½ xícara (chá) de farinha de trigo
½ xícara (chá) de chocolate em pó
¾ de xícara (chá) de leite quente
1 pitada de sal
1 xícara (chá) de manteiga amolecida
1 colher (sobremesa) de fermento em pó
¼ de xícara (chá) de gotas de chocolate branco

Glacê

3 xícaras (chá) de açúcar de confeiteiro
6 colheres (sopa) de chocolate em pó
½ xícara (chá) de manteiga
1 colher (chá) de essência de baunilha

Modo de preparo

1. Na batedeira, bata o açúcar com os ovos até homogeneizar. Adicione a farinha, o chocolate dissolvido no leite, o sal e a manteiga e bata até obter um creme liso. Sem bater, agregue o fermento.
2. Distribua a massa em forminhas de papel para *muffin* número 0 (4,5 cm de fundo) acomodadas dentro de forminhas de metal, preenchendo ¾ da capacidade de cada uma. Acrescente 10 gotas de chocolate em cada forminha, coloque-as numa assadeira grande e leve ao forno moderado preaquecido (180°C) por 25 a 30 minutos. Depois de frios, cubra os *muffins* com o glacê e decore a gosto.
3. **Glacê:** Bata todos os ingredientes na batedeira até formar um creme homogêneo. Transfira para um saco de confeitar com bico pitanga e cubra os *muffins* (se preferir, espalhe o glacê com uma faca).

Petit gâteau de chocolate branco

Tempo: **25min (+ repouso e tempo de forno)** Rendimento: **6 unidades** Custo: **$$**

Ingredientes

½ xícara (chá) de manteiga amolecida
100 g de chocolate branco derretido
1 colher (sopa) de açúcar
2 ovos
2 gemas
1 colher (chá) de essência de baunilha
3 colheres (sopa) de farinha de trigo

Modo de preparo

1. Misture a manteiga com o chocolate branco até homogeneizar. Adicione o açúcar, os ovos, as gemas, a baunilha e a farinha e mexa até incorporar todos os ingredientes.
2. Distribua a massa em forminhas para empada (75 ml de capacidade) untadas com manteiga e leve à geladeira por pelo menos 1 hora.
3. Asse em forno médio preaquecido (200°C) por cerca de 10 minutos ou até que as laterais tenham crescido e o centro esteja mais baixo, úmido e brilhante.
4. Retire do forno e aguarde 2 minutos para desenformar. Sirva quente.

25

Musse de chocolate ao rum com laranja

Tempo: **25min (+ tempo para esfriar e gelar)** Rendimento: **8 porções** Custo: **$**

Ingredientes

- 200 g de chocolate meio amargo picado
- ½ xícara (chá) de leite
- 1 colher (chá) de raspas de laranja
- 2 colheres (sopa) de rum
- 1 e ½ xícara (chá) de creme de leite fresco gelado

Modo de preparo

1. Derreta o chocolate em banho-maria. Aos poucos, adicione o leite, as raspas e o rum e misture até homogeneizar. Espere esfriar e incorpore o creme de leite batido em ponto de chantili.
2. Distribua em taças de sobremesa individuais e leve à geladeira por no mínimo 4 horas.
3. Decore a gosto e sirva.

Creme bávaro de chocolate branco

Tempo: **30min (+ tempo de geladeira)** Rendimento: **8 porções** Custo: **$**

Ingredientes

- 2 xícaras (chá) de leite
- 200 g de chocolate branco picado
- 4 gemas
- ½ xícara (chá) de açúcar
- ¾ de envelope (9 g) de gelatina em pó incolor
- 3 colheres (sopa) de água para hidratar a gelatina
- 1 e ½ xícara (chá) de creme de leite fresco gelado

Modo de preparo

1. Ferva o leite. Fora do fogo, adicione o chocolate e mexa até derreter por completo. Reserve.
2. Bata as gemas com o açúcar até obter um creme claro. Agregue aos poucos a mistura de leite e chocolate ainda quente, coe e leve de volta ao fogo baixo, mexendo sempre, até espessar levemente. Não deixe ferver.
3. Fora do fogo, adicione a gelatina hidratada na água e mexa até dissolver. Reserve até ficar quase frio.
4. Incorpore o creme de leite batido em picos moles ao creme reservado, distribua a mistura em 8 taças individuais (200 ml de capacidade cada) ou em uma taça grande (1,5 litro) e leve à geladeira por no mínimo 4 horas antes de servir.

Variação

Se desejar, sirva o creme com chantili: bata 1 xícara (chá) de creme de leite fresco gelado com 1 colher (sopa) de açúcar de confeiteiro e 1 colher (chá) de baunilha.

Bolo *fudge*

Tempo: **20min (+ tempo de forno)**   Rendimento: **12 porções**   Custo: **$**

Ingredientes

180 g de chocolate meio amargo picado

1 xícara (chá) de manteiga sem sal picada

5 ovos

2 e ¾ de xícara (chá) de açúcar

1 colher (chá) de essência de baunilha

¾ de xícara (chá) de farinha de trigo

1 colher (café) nivelada de fermento em pó (2 g)

Modo de preparo

1. Derreta o chocolate com a manteiga em banho-maria e reserve até amornar.
2. Na batedeira, bata os ovos com o açúcar até dobrar o volume. Sem bater, incorpore a mistura morna de chocolate, a essência de baunilha e, delicadamente, a farinha e o fermento.
3. Despeje a massa em forma retangular (22 x 18 cm) untada e enfarinhada e leve ao forno moderado preaquecido (180°C) por cerca de 35 minutos ou até formar uma crosta fina e sequinha.
4. Depois de frio, corte em quadrados e sirva acompanhado de chantili ou sorvete.

Pannacotta floresta branca

Tempo: **30min (+ tempo de geladeira)**   Rendimento: **4 porções**   Custo: **$$**

Ingredientes

1 vidro de cerejas ao marasquino (190 g com a calda)
100 g de chocolate branco picado
1 caixinha (200 g) de creme de leite
1 xícara (chá) de leite
1 colher (sopa) de açúcar
⅔ de envelope (8 g) de gelatina em pó incolor
3 colheres (sopa) de água para hidratar a gelatina
1 colher (sopa) de rum

Modo de preparo

1. Bata as cerejas com a calda no liquidificador até obter um purê homogêneo. Reserve.
2. Derreta o chocolate com o creme de leite em banho-maria, mexendo até homogeneizar. Fora do fogo, junte o leite, o açúcar e a gelatina hidratada na água e dissolvida em banho-maria. Por último, acrescente o rum.
3. Distribua em forminhas com capacidade de 135 ml, untadas com óleo e passadas em água fria, e leve à geladeira por cerca de 3 horas ou até firmar.
4. Desenforme e sirva com a calda.

Rabanada ao chocolate

Tempo: **25min (+ tempo de forno)**   Rendimento: **16 unidades**   Custo: **$**

Ingredientes

1 xícara (chá) de açúcar
½ xícara (chá) de chocolate em pó
1 colher (chá) de essência de baunilha
2 xícaras (chá) de leite
16 fatias grossas (2 cm) de pão filão ou brioche
Manteiga para untar
3 ovos levemente batidos
Açúcar para polvilhar
Canela em pó para polvilhar
Raspas de chocolate meio amargo para decorar

Modo de preparo

1. Misture o açúcar com o chocolate, junte a baunilha e o leite e mexa até homogeneizar. Mergulhe rapidamente as fatias de pão na mistura de leite, umedecendo dos 2 lados.
2. Disponha as fatias (lado a lado, sem sobrepor) em assadeira untada com manteiga e cubra com o ovo batido. Polvilhe açúcar e asse em forno preaquecido em temperatura moderada (180°C) até dourar.
3. Retire do forno e polvilhe canela e raspas de chocolate a gosto.
4. Sirva morna ou fria.

29

Chocolate quente cremoso

Tempo: **15min** Rendimento: **4 porções** Custo: **$**

Ingredientes

1 e ¼ de xícara (chá) de leite

1 e ¼ de xícara (chá)
de creme de leite fresco

1 colher (sopa) de açúcar

75 g de chocolate
ao leite picado

75 g de chocolate
meio amargo picado

Cacau em pó para polvilhar

Modo de preparo

1. Aqueça o leite e metade do creme de leite com o açúcar até levantar fervura. Junte os chocolates e mexa até derreterem. Reserve.

2. Bata o creme de leite restante (gelado) em ponto de chantili.

3. Distribua o chocolate quente entre 4 xícaras (160 ml cada) e adicione a cada uma delas um pouco de chantili. Polvilhe o cacau em pó e sirva.

Chocolate fumaça

Tempo: **10min** Rendimento: **2 porções** Custo: **$**

Ingredientes

1 xícara (chá) de leite

4 colheres (chá) de açúcar

2 colheres (sopa) de gotas
de chocolate ao leite

2 colheres (sopa) de cachaça

Canela em pó

Modo de preparo

1. Ferva o leite com o açúcar.

2. Ainda fumegante, despeje sobre o chocolate dividido entre 2 xícaras.

3. Coloque 1 colher da cachaça em cada uma das porções e sirva polvilhado com canela.

Shake tricolor

Tempo: **25min** Rendimento: **2 porções** Custo: **$**

Ingredientes

Creme de chocolate

50 g de chocolate meio amargo picado

½ xícara (chá) de creme de leite fresco

Chantili de café

½ xícara (chá) de creme de leite fresco gelado

1 colher (sopa) de açúcar de confeiteiro (10 g)

1 colher (café) de café solúvel

Shake

1 xícara (chá) de leite gelado

1 colher (sopa) de açúcar

Cacau para polvilhar

Modo de preparo

1. **Creme:** Derreta o chocolate com o creme de leite em banho-maria e mexa até obter uma mistura lisa e brilhante. Distribua entre 2 taças de 250 ml e, com o auxílio de uma colher, "puxe" o creme para decorar a lateral. Reserve.
2. **Chantili:** Bata o creme de leite com o açúcar e o café na batedeira até obter um creme liso e espesso. Reserve na geladeira até o momento de utilizar.
3. **Montagem:** Bata o leite com o açúcar por 2 minutos no liquidificador ou até espumar bem. Despeje nas taças, preenchendo ¾ de cada uma, cubra com o chantili e polvilhe cacau. Sirva em seguida.

Variação

Se preferir, substitua o cacau por chocolate em pó ou flocos de chocolate ao leite.

coleção Dona Benta

O livro tradicional da cozinha brasileira

Produção editorial **Gold Editora Ltda.**
Coordenação e edição **Isabel Moraes**
Assistência editorial **Ana Beraldo, Luciana Sutil**
Arte **Nuova Comunicação**
Revisão **Sandra Miguel**
Fotos **Helena de Castro**
Produção culinária (fotos) **Atelier Vanille, Ulda Mandu, Ana Sannini (assistente)**
Culinaristas e colaboradores **Anna Moraes, Atelier Vanille, Marlene B. O. Fazzolo**

gold editora   **Companhia Editora Nacional**

ISBN: 978-85-7768-304-8

© 2011, Gold Editora Ltda. e Companhia Editora Nacional. Todos os direitos reservados de acordo com a convenção internacional de direitos autorais. Nenhuma parte desta obra pode ser reproduzida ou utilizada seja por que meios forem – eletrônicos ou mecânicos, inclusive fotocópias ou gravações, ou por sistemas de armazenagem e recuperação de dados – sem o consentimento, por escrito, das editoras.

Gold Editora Ltda.
Alameda Mamoré, 535, sala 510
06454-910 – Barueri – SP
CNPJ 04.963.593/0001-42
www.goldeditora.com.br
Código desta edição: 16479

CTP, Impressão e Acabamento IBEP Gráfica